Lb ^{55} 1100

I0234181

LE MAROC

EN FACE

DE L'EUROPE.

Paris. — Imprimerie LACOUR ET Cᵉ, rue Soufflot, 11, et rue
Saint–Hyacinthe–St·-Michel, 33.

LE MAROC

EN FACE

DE L'EUROPE

A PROPOS

de la dernière rupture survenue

ENTRE LA RÉPUBLIQUE FRANÇAISE

ET LE

GOUVERNEMENT MAROCAIN.

Par Alexandre DECAMPS.

R.F.
BIBLIOTHÈQUE NATIONALE IMPRIMÉS

Prix : 1 *fr*.

PARIS,

CHEZ TOUS LES MARCHANDS DE NOUEAÉS.

—

1849

LE MAROC

EN FACE

DE L'EUROPE.

~~~~~~~~~~~~~~~~~~

A six lieues de Gibraltar et de la *Pointe d'Europe*, — à douze lieues de Cadix, — vingt-cinq de Malaga, s'étendent les côtes de l'empire du Maroc, formant le littoral méridional du canal qui joint l'Océan à la Méditerranée ; — parages redoutés de tous les marins, et sur lesquels un naufrage est encore plus dangereux pour les hommes qui touchent la terre que pour ceux qui défendent leur vie contre la mer. — Plage barbare, sur laquelle les navigateurs échappés à la fureur du vent et de la tempête sont dépouillés ou vendus, quand ils ne sont pas assassinés !

Depuis l'application de la vapeur à la navigation maritime, la Méditerranée est devenue une véritable grande route, sillonnée en tous sens par des navires qui, s'affranchissant dès exigences du vent et des courants, portent le Cap directement sur le point de leur destination. — Or il est incroyable que l'Europe civilisée ait laissé, depuis si longtemps, subsister sur les bords de cette grande artère de circulation, un gouvernement brutal, fanatique et barbare, auprès duquel ni services rendus, ni relations amicales, ni rapports commerciaux ne peuvent obtenir de succès; — un gouvernement que ni la puissance de la force ni la bonne foi des traités n'ont jamais pu, en aucun cas, faire entrer dans la grande famille de l'humanité.

Il n'y a pas une nation chrétienne qui n'ait les plus sanglants griefs à faire redresser vis-à-vis de l'empire du Maroc. — Aussi ne faut-il pas s'étonner que, après la guerre des Français en 1844, — soit venu le différend sur le traité de délimitation; — puis le différend avec l'Espagne; — puis encore, postérieurement, le différend avec l'Angleterre; — et enfin la nouvelle et dernière rupture de la France avec le Maroc.

De tous les peuples musulmans, Turcs, Egyptiens, Persans ou Arabes, les *Berbères* sont les plus éloignés de tous rapports avec la civilisation. — Deux causes contribuent à ce triste résultat : le fanatisme ignorant et sauvage des populations, et la politique des empereurs du Maroc, basée sur ce seul principe : — l'éloignement absolu du contact de toutes les nations chrétiennes; et cela dans la crainte de laisser pénétrer parmi les peuplades de la *Barbarie* les idées d'équité, de tolérance et de liberté qui commencent à régner aujourd'hui en Europe.

La mauvaise foi des Arabes de l'Occident est proverbiale. —

Les rares voyageurs qui ont pu explorer ce pays sont unanimes sur ce point. — Mais, depuis longtemps déjà, les relations officielles qu'entretiennent les puissances de l'Europe ont fourni des renseignements irrécusables sur les déplorables conditions dans lesquelles s'agite infructueusement la diplomatie , vis-à-vis d'un gouvernement qui n'a pour règle de conduite que le mensonge, la haine, l'outrage et le meurtre. — Le gouvernement français en particulier, tant depuis l'ambassade de 1845 qu'antérieurement, possède des documents très intéressants et très curieux sur l'empire *Mogh-Rebin*. — Mais tel est le régime administratif qui nous gouverne, que tous ces trésors de science et de lumière sont ensevelis dans la poudre des cartons ministériels, sans que jamais ni le commerce ni la science en puissent profiter.

Le Maroc dont les côtes regardent l'Europe sur une étendue de plus de cent lieues, et qui bordent nos possessions de la frontière d'Oran, sur une longueur de plus de cinquante lieues, n'est guère plus connu, chez nous, que le pays des nègres de *Tombouctou* ou des grands sables du *Sahara*. — La barrière que le gouvernement des empereurs élève à chaque porte de ses États, pour en interdire l'entrée, est tellement infranchissable qu'aucune puissance, — pas même la France, après la victoire d'Isly, et le bombardement de Tanger et de Mogador, n'a pu faire lever l'interdiction toute puissante du *chef des croyants*.

Nous en citerons un seul exemple récent : — Lorsque l'ambassade française se rendit à *Maroc* en 1845, il devait être attaché à l'expédition un peintre daguéréotype ; — par des circonstances imprévues, cet artiste ne put se trouver à *Mogador* lors du départ du cortége de l'ambassadeur pour la capitale ; — une frégate à vapeur le prit à *Tanger* et le conduisit à *Mogador* accompagné du chancelier de la mission de France. — De là, il devait rejoindre, le plus promptement possible, l'ambassadeur, alors auprès de l'empereur.—Eh bien ! à peine débarqué, le pacha de Mogador le fit arrêter, lui interdit de sortir de la ville , — et cela malgré les lettres de l'ambassadeur, malgré l'intervention du chancelier de France, et en dépit de la présence de la frégate.—Il fallut expédier un courrier à *Maroc* ;—l'ambassadeur se plaignit à l'empereur, avec toute la vivacité que provoquait un semblable procédé, — l'empereur finit par donner satisfaction ; mais le temps s'était écoulé ; les courriers de *Maroc* à *Mogador* et *vice versa*, s'étaient croisés;—et quand la licence de pénétrer dans l'intérieur fut parvenue à l'artiste, il n'était plus temps : l'ambassade revenait à Mogador.

Là est toute la politique du gouvernement marocain : — méconnaître le droit des gens, — violer les traités, — outrager les Européens : — puis, quand on demande satisfaction, donner des réponses évasives, gagner du temps et n'accorder enfin cette satisfaction que quand il est trop tard, ou qu'elle devient inutile.

C'est exactement ce qui est arrivé il y a quelques mois à l'Angleterre dans son différend avec le Maroc;—c'est encore exactement ce qui arrive aujourd'hui, à propos de la rupture de la France avec le même empire.

Mais pour apprécier rigoureusement notre situation actuelle vis-à-vis d'*Ab-der-Rhaman*, il faut remonter plus haut, et rappeler les événements qui ont précédé et suivi la campagne des Français au Maroc.

Depuis longtemps déjà il n'y a pas d'humiliations que n'aient eu à souffrir les puissances chrétiennes de l'Europe de la part du gouvernement du Maroc.

Le Danemarck, lors du renouvellement de son traité, se soumettait honteusement à un tribut annuel de vingt-cinq mille piastres, qu'il payait encore dernièrement comme prime d'assurance contre une piraterie qui n'existait plus, et en faveur d'un commerce qui n'existe même pas.

La Suède payait, pour des motifs aussi honorables, une somme de vingt mille piastres.

Le gouvernement napolitain, voulant aussi renouveler son traité il y a environ quinze ans, fut l'objet d'une avanie encore plus sanglante. Il est de tradition immémoriale au Maroc, qu'en traitant avec les Chrétiens, ces derniers doivent acheter les conditions qu'on leur impose. Le gouvernement des Deux-Siciles envoya les présents d'usage, dans lesquels figurait une forte quantité de soufre que l'empereur avait demandée. Les Napolitains envoyaient le soufre brut, tel qu'ils le recueillent dans les mines. Le Marocain le reçoit, mais peu de temps après il réclame, disant que le soufre doit être purifié; le roi de Naples s'empresse d'envoyer un nouveau chargement de soufre purifié, et l'empereur garde pour lui les deux envois. Le gouvernement napolitain n'a pas réclamé, c'était inutile!

L'Espagne, la puissance la plus voisine du Maroc, l'Espagne victorieuse des Maures et autrefois maîtresse des principales villes

du littoral de la Barbarie, a grande peine aujourd'hui à maintenir ses présides de *Ceuta* et de *Melilla* dont les garnisons, expo-
sées aux outrages journaliers des *Kabyles* de la montagne, et
constamment assiégées dans leurs remparts, n'osent pas même en
franchir l'enceinte. L'Espagne enfin, à cause de son voisinage
même, plus exposée que toute autre nation à la haine implacable
des Maures et des Arabes, subit encore chaque jour les plus sanglants outrages sans obtenir jamais ni réparations ni satisfactions.

Les États-Unis d'Amérique ont essayé, il y a cinquante ans,
d'acheter à prix d'or, du gouvernement marocain, un îlot situé
sur la côte vers l'entrée du détroit de Gibraltar. Après plusieurs
années de négociations interminables et infructueuses, il leur
fallut y renoncer.

L'Angleterre, l'orgueilleuse Angleterre, vit, en 1828, les autorités marocaines confisquer deux de ses bâtiments de commerce. L'Angleterre se fâcha, demanda la restitution des bâtiments saisis et une indemnité. L'empereur refusa ; Tanger fut
bloquée. Le consul anglais, qui menaçait de la colère de la puissance britannique, fut insulté ; et comme il rendit insulte pour
insulte, le pacha le fit mettre en prison ! Eh bien ! l'Angleterre
n'obtint la liberté de son représentant que sous la condition *qu'il
ne reparaîtrait pas à Tanger*, et qu'il serait remplacé par un autre
agent diplomatique !

Telles étaient les conditions dans lesquelles se trouvaient les
puissances les plus redoutables de l'Europe vis-à-vis la Barbarie
lorsque survint l'éclatante rupture entre le gouvernement de la
France et l'empire du Maroc.

On devait croire qu'après l'épouvantable défaite d'*Isly*, dans laquelle soixante mille Arabes avaient été mis en déroute complète par une armée qui comptait tout au plus quinze mille hommes; on devait croire, surtout après les bombardements de Tanger et de Mogador, qui avaient mis à nu toute la vanité et la faiblesse de l'orgueilleuse puissance du *Mogh-Reb*, on devait croire que ces insolents *Berbères* venaient de recevoir une leçon assez sanglante pour laisser des traces ineffaçables dans leur mémoire.

Il n'en a rien été.

Il faut ici entrer dans quelques détails pour que le lecteur puisse comprendre comment il a pu se faire qu'une puissance battue coup sur coup par terre et par mer, ait pu conserver, après trois défaites, la même insolence, le même mépris des droits internationaux qu'elle avait montré, quand elle espérait la victoire.

Ce n'est pas notre faute si nous sommes obligés d'évoquer ici en cause la désastreuse politique de la monarchie d'Orléans. Mais il ne s'agit pas d'opinion politique ni d'une question de parti, il s'agit de l'humanité, de la civilisation; il s'agit même si l'on veut du christianisme devant l'islamisme; et nous faisons le public juge des faits que nous allons exposer.

Quand Abd-el-Kader se trouva forcé de chercher un refuge au milieu des tribus de la frontière du Maroc, les Arabes, en général, étaient encore frappés de la puissante émotion qu'avait portée chez eux le bruit de nos conquêtes d'Algérie. Et malgré les ardentes prédications du sheriff, qui n'exerçait d'influence que sur les tribus les plus sauvages et les plus fanatiques voisines de la *Moulouya*, le plus grand nombre des populations de l'intérieur et de la côte éprouvait une secrète terreur en écoutant le récit des progrès que nous faisions dans les diverses provinces de l'Algérie. Peut-être, ceux qui ont assisté à la bataille d'Isly peuvent-ils juger jusqu'à quel point ce sentiment a contribué à la victoire. Mais il est certain que devant les forces de la marine française les populations de Tanger et de Mogador étaient, dès les premiers coups de canons, littéralement terrifiées.

Les principaux personnages de Tanger, peu de temps après que le bombardement avait commencé, vinrent à bord de l'amiral lui offrir les clefs et lui demander d'occuper la ville, autant pour la sauver des projectiles de l'escadre que pour la préserver de l'invasion des *Kabyles* de la plaine qui menaçaient de la piller, ce qu'ils firent un peu plus tard. L'amiral français refusa ; pourquoi ? Du haut des remparts de Gibraltar, les Anglais le regardaient ! Il n'osa pas prendre sur lui de contrarier, même un moment, la politique traditionnelle de la famille d'Orléans !

Le même fait se répéta à Mogador avec le même résultat ; mais ici la ville fut encore plus maltraitée par les Berbères qui l'avaient envahie.

Le gouvernement français, en guerre avec l'empereur du Maroc, ne songea pas même alors à faire une démonstration devant *Rabat* où s'était retiré l'empereur avec l'élite de sa garde. Une attaque sur ce point aurait infailliblement décidé Abder-Rhaman à accepter toutes les conditions ; ou , s'il se fût retiré dans l'intérieur, l'occupation de cette ville seule coupait toute communication entre l'empire du Maroc et l'ancien royaume de *Fez*, et rétablissait peut-être pour toujours la séparation de ces deux grands États, que les empereurs n'ont jamais pu réunir complétement, au milieu des rivalités et des haines des deux populations.

C'était sans doute un fait assez étrange que la présence de l'empereur, sur un des principaux points du littoral, tandis que les escadres françaises allaient attaquer et détruire deux ports de la côte, beaucoup moins importants.

Il faut bien penser, comme l'a dit l'empereur lui-même, que les Anglais, qui l'avaient bercé longtemps de la promesse de s'opposer à toute agression armée des Français, lui avaient garanti, en dernier lieu, que nos canons respecteraient la dernière retraite qu'il avait choisie.

Quoi qu'il en soit, les Français vainqueurs à Isly, après avoir bombardé Tanger, Mogador, et s'être emparé de l'île qui commande cette dernière place, avaient bien le droit de compter sur un traité qui donnât satisfaction à tous les griefs nationaux, et aussi aux justes réclamations des puissances alliées de la France.

Encore une fois il n'en a rien été.

Après la bataille d'Isly, le général Bugeaud prit possession de *Ouchda* et manifesta la volonté de marcher en avant jusques sur les bords de l'*Oued-Moulouya* pour mettre à profit les fruits de sa victoire. — Mais le gouvernement français et la volonté personnelle de Louis-Philippe s'opposèrent immédiatement à l'exécution de ce plan. — Bien plus, le général dut reculer, — abandonner *Ouchda*, et rentrer dans les limites de la province d'Oran, sans qu'aucun traité, ou projet de traité eût été imposé aux vaincus, ni proposé par eux. — En même temps les Français abandonnaient l'île de *Mogador* qu'ils avaient occupée, et cela sans même stipuler les conditions de l'indemnité des négociants français et européens, ruinés bien plus par le pillage des *Berbères* que par les bombes de l'escadre.

En un mot, lorsque l'on commença à négocier, les énormes sacrifices que la France s'était imposés, le courage de nos marins et de nos soldats, les victoires qu'ils avaient remportées étaient déjà perdus complétement pour notre influence, et la diplomatie française en traitant avec les ministres de l'empereur était à peu près dans la même situation que celle où elle se serait trouvée avant les hostilités.

On a peine à croire qu'après l'éclatante défaite que venait d'éprouver le gouvernement marocain, les bases du traité a intervernir n'aient reposé absolument que sur la délimitation des frontières de terre entre l'Algérie et le Maroc.

Mais ce honteux traité lui-même a été discuté avec une telle incapacité de la part des diplomates de la monarchie, qu'en dernière analyse, l'insigne fourberie de Maures est presque parvenue à en annuler les effets.

Si le général Bugeaud avait voulu parler, si quelques hommes qui ont pris part aux événements de cette époque voulaient dire la vérité, la France pourrait juger jusqu'à quel degré de honte les gouvernants d'alors ont abaissé la dignité du nom français et l'honneur du pavillon tricolore.

On peut en juger en lisant les faits suivants que nous garantissons :

Le traité de délimitation des frontières contenait comme annexe, un projet de traité de commerce par la frontière de terre, entre la province d'Oran et les états du Maroc. — Il fut convenu d'abord, et l'article premier spécifiait que les limites des deux États seraient les mêmes que les anciennes limites de l'empire du Maroc avec l'empire Ottoman, au temps de la domination des *Deys* de la régence d'Alger. — Le travail de la vérification de ces limites avait été fait avec les soins les plus minutieux. — Plus de mille chefs arabes des tributs riveraines des deux frontières avaient été appelés auprès des deux plénipotentiaires français et marocains et même auprès d'Abd-er-Rhaman, pour donner tous les renseignemenis sur le véritable tracé des anciennes limites.

Après bien des chicanes et des difficultés, le traité de délimitation fut enfin signé par les deux plénipotentiaires munis des pleins pouvoirs des deux souverains. — Ce traité devait être soumis à la ratification personnelle de Louis-Philippe et d'Abd-er-Raman.

Mais les affaires sont traitées à Paris avec tant de lenteur et d'insouciance, qu'il s'écoula un long temps, avant que Louis-Philippe eût revêtu de sa signature la ratification. — L'empereur *Mogh-Rebin* profita de ce retard pour se raviser; et lorsqu'un nouveau plénipotentiaire arriva au Maroc, avec la ratification du roi des Français, l'empereur eut l'insolence de refuser la sienne!

Alors commence à se dérouler une longue série d'observations dilatoires, d'objections oiseuses, d'intrigues méprisables, dans lesquelles le mensonge, la déloyauté et la fourberie se disputaient la place.

Le ministre des affaires étrangères de l'empereur demanda d'abord une révision du traité déjà signé par les plénipotentiaires et ratifié par Louis-Philippe. — Cette prétention fut rejetée, comme elle devait l'être, avec indignation.

Le ministre déclina alors la responsabilité de l'engagement pris par l'empereur de faire interner Abd-el-Kader, sous le prétexte que l'émir était campé au milieu de tribus qu'il avait fanatisées, et que l'empereur ne pourrait forcer à l'obéissance qu'à

2

l'aide de forces considérables qu'il ne pouvait alors mettre sur pied.

Cette déclaration fut reçue comme la première.

Cependant le temps s'écoulait; — Abd-el-Kader se fortifiait au milieu des tribus marocaines, et donnait presque autant d'inquiétude à l'empereur, dont il menaçait la couronne, qu'à la France, par ses incursions dans le territoire de la province d'Oran.

Enfin le souverain du Maroc, tremblant devant les progrès de l'émir, qui allait devenir son rival, effrayé des menaces du plénipotentiaire français, qui lui présentait l'éventualité d'une nouvelle invasion de l'empire par l'armée du général Bugeaud, se décide à présenter une ratification, où, par une astucieuse équivoque, il prenait *dans la même ligne de délimitation des frontières, des points de repaires autres que ceux qui avaient été arrêtés à l'amiable entre les plénipotentiaires des deux puissances.*

Cette troisième fourberie n'eut pas plus de succès que les autres.

La ratification fut enfin signée, mais avec la radiation du projet de traité de commerce, et au prix de sacrifices plus honteux encore pour la France qu'onéreux pour son trésor. — La signature du chef des croyants en occident, de l'empereur Abd-er-Rhaman, fut à peu près achetée à prix d'argent !

Voici un échantillon du prix de revient des négociations diplomatiques des puissances de l'Europe avec les ministres du Maroc :

Bou-Selam, ministre des affaires étrangères, le plus incorruptible de la cour du Maroc, avait déclaré officiellement qu'il refuserait tous présents en or ou argent monayés ; — mais il faisait dire en même temps, officieusement, par un juif, au négociateur français, qu'il accepterait avec plaisir : — *de l'or ouvragé sur du satin, — du brocard d'or, — du beau drap vert, — du beau velours de France, — de la mousseline brochée or, — et enfin un joli thé français dans le dernier goût.* — Bien entendu qu'on s'empressa d'obtempérer à une aussi modeste prière. — Bou-Selam a conservé la réputation du plus intègre ministre de l'empire.

On ne doit plus s'étonner si, après d'aussi glorieux trophées diplomatiques, la France et l'Europe se trouvent vis-à-vis l'empire du Maroc dans une plus détestable position qu'avant la guerre et la conclusion des traités.

En effet, deux mois à peine s'étaient écoulés depuis la ratification de ce déplorable traité de délimitation, que les cavaliers d'Abd-el-Kader pillaient les tribus françaises de la frontière d'Oran ; — et Abd-el-Kader lui-même, par une de ces courses rapides dont il avait le secret, surprenait la garnison de *Jemma-Gazaoua*, où il égorgeait quatre cents soldats français !

La France menaça de nouveau ; — mais la diplomatie s'occupait alors *d'une affaire bien plus importante* ! Il s'agissait de négocier l'envoi à Paris, auprès de Louis-Philippe, d'un ambassadeur extraordinaire de l'empereur du Maroc !

L'empereur lui-même, retiré une seconde fois à *Rabat*, paraissait aussi sourd aux menaces du gouvernement français qu'aux instances adulatoires du même gouvernement pour obtenir l'envoi de cet ambassadeur.

Pendant ce temps, la guerre prenait un caractère alarmant à la frontière; les lenteurs et les réponses évasives de la diplomatie marocaine reprenaient leur cours.

Enfin une démarche personnelle, faite auprès de l'empereur et en dehors de tous les usages diplomatiques, par l'un des négociateurs français, homme d'action et de résolution, obtint pour résultat la déclaration de guerre de l'empereur à Abd-el Kader. — Abd-er-Rhaman écrivit une lettre dans laquelle il annonçait l'envoi d'un nouveau gouverneur dans *le Riff*, et l'ordre qu'il adressait au sheick *El-Guerroumi*, et au *taleb Hamida-ben-Ali* de marcher avec tous leurs contingents et les cavaliers des tribus contre Abd-el-Kader; — elle annonçait en même temps le départ de l'armée impériale commandée par *Mouley-Hybrahim*, pour appuyer l'expédition.

C'était beaucoup. — On sait le reste : — Abd-el-Kader, traqué sur le territoire marocain, fut à la fin forcé de se livrer entre les mains des Français, pour se soustraire au sort que lui réservait certainement celui qu'il avait pensé un moment à détrôner, et qui probablement ne lui eût pas, comme la généreuse France, donné un palais pour résidence.

Mais, ce qu'on ne sait pas, c'est que le gouvernement du Maroc, infidèle à ses engagements, traître à la foi des traités, a demandé au gouvernement français de faire payer à la France la moitié des frais occasionnés par l'expulsion d'Abd-el-Kader.

L'on voit que le gouvernement qui a indemnisé Pritchard était partout le même : — toujours vainqueur, grâce à nos soldats; — toujours à genoux, grâce à nos diplomates; mais ou vainqueur ou à genoux toujours payant les frais!

Il résulte de l'exposé sommaire qui précède, qu'après toutes les capitulations honteuses, subies par les principales nations de l'Europe, depuis cinquante ans, la France est venue, après une campagne militaire, brillante et décisive, apporter son tribut de honte et de faiblesse, et ajouter un nouveau trophée à la puissance la plus astucieuse, la plus insolente et la plus fanatique de la Barbarie.

Les faits se sont accumulés rapidement pour démontrer les nombreuses fautes de la politique de la monarchie d'Orléans, et combien avaient menti ces diplomates d'antichambre qui, — pour faire leur cour, — osaient écrire que « les populations du Maroc étaient pénétrées du plus profond respect et de la plus sincère admiration pour la conduite de l'amiral Joinville, parce qu'après la victoire d'Isly et le bombardement de Tanger et de

Mogador, au lieu de profiter de la terreur des Marocains et d'assurer pour longtemps la prépondérance de la France, il était venu naïvement présenter les mêmes conditions proposées avant la victoire ! » — Le fait est que les Marocains se sont moqués de lui et de nous, en même temps.

Cela s'explique facilement : — les Arabes n'ont qu'une seule règle de conduite qu'ils puisent dans leur religion : — c'est la haine du nom chrétien, professée par le *Coran*, et qui s'applique de la manière suivante : — tuer un chrétien est une action méritoire, — le vendre en esclavage, quand on ne peut pas le tuer, — le voler ou le tromper, quand on ne peut le tuer ni le vendre.

Lors de la campagne des Français, en 1844, les Arabes de la tribu des *Doukalas* se soulevèrent contre l'empereur et assiégèrent *Mazaghan*. — *Hadj-Moussa*, gouverneur de la ville, vieillard aussi lâche que féroce, se sauva, au lieu de défendre l'autorité de son maître, dont il était pourtant l'un des amis préférés. — Un consul anglais, agent en même temps de la France à *Mazaghan*, homme de cœur et de résolution, réunit autour de lui le petit nombre de soldats qu'il put trouver ; fournit à cette faible garnison vivres et munitions, de ses deniers personnels, et repoussa, pendant un mois, les attaques des Arabes. — Il sauva la ville ; car, au bout de ce temps, les *Doukalas* s'étant soumis, le pacha *Hadj-Moussa* rentra en vainqueur dans la ville qu'il avait lâchement abandonnée. — Redman, le consul anglais, fut jeté en prison, d'où le gouvernement français le fit sortir non sans peines, et lui décerna la croix d'honneur. — Mais il avait dépensé cent mille francs, — sa maison avait été pillée ; — il avait tout perdu ; — il réclama et n'obtint rien !

L'année suivante, un juif, M. d'Armond, originaire de Marseille, agent consulaire de l'Espagne à Mazaghan se prend de querelle dans la rue avec un Maure. — Tous deux étaient armés de fusils. — Pendant que les spectateurs voulaient désarmer l'agent consulaire qui résistait, son fusil partit. — Il fut jeté en prison, et malgré l'intervention de tous les consuls, le féroce *Hadj-Moussa* lui fit trancher la tête.

L'Espagne a fermé les yeux sur un acte aussi inqualifiable de barbarie, après lequel tous les pachas de l'empire du Maroc doivent se trouver autorisés à décapiter, sans procès, le premier agent consulaire qui leur résisterait.

Nous devons ajouter que la France et l'Angleterre n'ont cessé de réclamer et réclament encore aujourd'hui ; mais telle est l'obstination fanatique des Maures, que l'on a pas encore pu même obtenir les comptes de la succession du malheureux d'Armond, dont les biens ont été confisqués, en même temps qu'il était assassiné.

Quelque temps après, un bâtiment pêcheur espagnol forcé par le mauvais temps de venir faire de l'eau sur le rivage d'Afrique, vint mouiller sur la côte du *Sous*. — A peine à terre, l'équipage est fait prisonnier par les Arabes, le navire pillé et les cinq matelots vendus dans l'intérieur. — Le pacha de *Stouka* (tribu située au-dessous de Mogador), qui se flatte d'être l'ami des Européens, fait racheter les malheureux Espagnols, au prix de elques vaches, ou de quelques moutons, et les revend, —

cent piastres par tête, dit-on, au gouvernement espagnol qui paya et ne dit mot ; — bien au contraire, la glorieuse Espagne remercie le marchand d'esclaves.

Depuis lors un navire anglais poussé par le mauvais temps est forcé de chercher un abri sur les côtes du *Riff*, où il mouilla non loin de Melilla. — A peine est-il sur ses ancres, qu'il est entouré par plusieurs barques riffainnes, montées d'hommes armés qui sautent à l'abordage ;—insultent de la manière la plus grossière le pavillon britannique, — maltraitent l'équipage, et commencent à piller le bâtiment.

Les Anglais prévenus à Gibraltar de la position critique où se trouvait un de leurs navires, expédièrent sur le champ le bâtiment à vapeur le *Polyphemeus* qui parvint à dégager et à ramener à Gibraltar le navire du commerce à moitié pillé.

Il est utile de remarquer que cette affaire et celle du consul Redman, de Mazaghan, étaient les deux principaux griefs pour lesquels l'amiral Napier avait été envoyé en 1848, avec une escadre formidable demander une réparation éclatante.

On verra tout à l'heure quelle réparation il obtint :

On a vu que le gouvernement anglais n'avait pas cessé pendant quatre ans de réclamer auprès des ministres de l'empereur justice des indignes traitements qu'avait subis son agent à Mazaghan. Mais pendant cette longue période de temps, bien loin d'obtenir non-seulement une réparation, mais même une réponse satisfaisante, on a vu aussi que les mauvais procédés et les outrages des barbares se multipliaient non-seulement contre l'Angleterre, mais encore contre toutes les nations chrétiennes.

Dès le milieu de l'année 1848, la patience de l'Angleterre était à bout, — et vers la fin de décembre de la même année on apprenait au Maroc qu'une escadre, commandée par l'amiral Napier, était à Lisbonne, n'attendant qu'un vent favorable pour venir menacer et peut-être bombarder les principales villes du littoral.

Les vents contraires retinrent les vaisseaux anglais dans la rade de Lisbonne pendant plus de deux mois, que la diplomatie employa à intervenir dans l'intérêt de la paix, en éclairant le gouvernement du Maroc sur les dangers qu'il courait. Le représentant de la France particulièrement, qui connaissait parfaitement la situation générale de l'empire et la position personnelle de l'empereur, essaya par les propositions les plus conciliantes à la fois et les plus fermes, d'amener une solution pacifique et raisonnable du différend. —Tous les efforts des chancelleries réunies vinrent échouer devant l'opiniâtreté inerte de l'empereur et de ses ministres.—Suivant son habitude, le gouvernement marocain ne cherchait qu'à gagner du temps.

Enfin le 27 janvier 1849 au matin une frégate et un vaisseau de ligne furent signalés dans le détroit, se dirigeant vers Gibraltar. — Quelques heures plus tard un *steamer* de guerre anglais entrait en rade et venait mouiller devant la ville de Tanger en démasquant ses batteries.—En un moment toute la ville fut sur les terrasses. — Il n'y eut qu'un cri : ce sont les Anglais!

Alors se présenta un spectacle curieux; — les Maures et les Arabes se réunirent sur la place dans la plus grande agitation; les communications officielles entre les diverses chancelleries se croisèrent en tous sens; — et les juifs commencèrent à cacher leur fortune.

Le lendemain matin on apprit que toute l'escadre anglaise avait passé le détroit pendant la nuit et se trouvait réunie à Gibraltar. —Elle se composait de huit vaisseaux de premier rang et de onze bâtiments à vapeur de différentes forces. En même temps le steamer anglais chauffait et recevait à son bord le consul général d'Angleterre qu'il emportait à Gibraltar, pour s'entendre avec l'amiral.

Voici quelle était la situation de la question entre les deux États :

D'une part l'Angleterre avait à réclamer le redressement de griefs et d'outrages extrêmement graves; elle pouvait et elle devait en même temps obtenir satisfaction aux plaintes légitimes soulevées par les populations chrétiennes. — Car il faut noter ici que dans les mauvais procédés, les insultes et les violations de traité commis par le gouvernement du Maroc, vis-à-vis les nations de l'Europe, il ne tient aucun compte de la différence de pavillon. —Frapper le chrétien, le tromper ou le voler, humilier l'un des agents des puissances chrétiennes toutes les fois que l'occasion s'en présente, telle est la seule règle de conduite des hommes qui occupent le pouvoir.

D'autre part, l'empereur Abd-er-Rhaman, despote égoïste, dont l'avarice et la cupidité sont le principal caractère, se trouvait pressé entre la conservation personnelle de sa couronne et la crainte de soulever contre lui les passions religieuses et fanatiques de ses sujets. — C'était exactement la même situation dans laquelle il s'était trouvé lors de l'expédition des Français.—Il était

en outre dans une position intérieure extrêmement compliquée;
— la garde noire , qui compose le meilleur noyau de son armée,
et dont la plus grande partie gardait alors , sous les triples remparts de *Mequenez* , une partie des trésors de l'empereur, s'était
révoltée. — L'apparition des Anglais devant les côtes du Maroc
pouvait faire soulever immédiatement les tribus des *Kabyles* du
Riff , les tribus des *Beni-Hassan* et toutes les tribus qui occupent
les plaines depuis les *Zahyres* , les *Doukalas* , jusqu'aux tribus
berbères des montagnes du *Grand-Atlas.*— Le trône du shériff
d'Occident était évidemment menacé , dans le cas de guerre avec
l'une des puissances chrétiennes.

C'est dans cet état, et en présence des forces anglaises que
l'arrangement du différend fut traité par négociations.

La mission de France au Maroc avait proposé aux deux gou-
vernements un arbitrage amiable pour fixer d'abord l'indemnité que réclamait l'Angleterre pour son agent Redman, sau
à discuter après la question du navire insulté et pillé sur les
bords du Riff, ainsi que les autres griefs subsidiaires.

C'est sur ces bases que les négociations furent reprises. — Et
comme on n'obtenait aucune réponse satisfaisante du ministre,
qui résidait alors à *Larache*, la frégate anglaise à vapeur la *Siddon*, vint prendre le chargé d'affaires d'Angleterre à Tanger,
pour le conduire près du ministre, et s'expliquer directement
avec lui sur la conclusion du différend. — Ici se passa une
intrigue sur laquelle le lecteur doit appliquer toute son at-
tention, car elle est le cachet caractéristique de la politique des
Maures et des Arabes.

La frégate anglaise avait porté le consul à Larache le premier
février ; — or, l'empereur qui était alors à Fez (cinq jours de marche), prévenu de l'arrivée du diplomate anglais auprès de son
ministre des affaires étrangères, expédia immédiatement un
courrier à Tanger qui portait à Rh'zini agent consulaire, que le
Maroc entretient à Gibraltar, les instructions nécessaires pour
traiter directement avec l'amiral Napier. — Et notez bien ceci :
il écrivait en même temps à *Bou-Selam* à Larache de faire
croire au consul d'Angleterre, que lui, *l'empereur, ignorait sa
présence auprès de son ministre,* et que par conséquent lui Bou-
Selam manquait d'instructions. — Par ce moyen, le chargé
d'affaires d'Angleterre, traîné par Bou-Selam de lenteur en
lenteur, ignorait complètement la mission que l'empereur avait
donnée à son agent à Gibraltar.

Cette pitoyable jonglerie qui ferait honte à tout gouvernement
qui se respecte, avait pour but de cacher au consul anglais l'intrigue que l'on voulait faire jouer auprès de l'arbitre de Gibraltar. — Elle eut un plein succès. — Mais il fallait pour couron-
ner l'œuvre qu'un acte plus déloyal et plus méprisable encore
vînt conclure et dévoiler la conduite de l'empereur. Rh'zini, suivant les instructions qu'il avait reçues, et pendant que le consul
d'Angleterre était à Larache, auprès du ministre Bou-Selam,
traitait directement avec l'amiral Napier, sur les bases proposées
par la mission de France à Tanger , et pour juger le différend
soulevé au nom de son gouvernement par l'indemnité de l'agent
consulaire Redman, il acceptait la décision du propre juge Anglais de Gibraltar. — Nécessairement l'amiral dut croire cette

première bataille gagnée : — le gouvernement du Maroc prenait pour juge entre l'Angleterre et lui un sujet Anglais !

Pendant ce temps l'on était si loin à Larache où négociait le consul Anglais avec le ministre des affaires étrangères, de connaître l'arrangement amiable qui se tramait à Gibraltar, que la frégate à vapeur la Siddon recevait l'ordre de prévenir les consuls de Rabat de Ca-Za-Bianca, et de *Mogador*, de se tenir prêts à embarquer, au premier signal, le bombardement étant imminent.

Et ce ne fut certainement pas sans surprise que le chargé d'affaires d'Angleterre apprit à *Larache* que le différend était vidé à Gibraltar.

Je ne puis entrer ici dans les détails de ce qui se passa à Gibraltar. — Mais ce que je puis dire, c'est que le consul Anglais avait été éloigné de Gibraltar, parce qu'il connaissait trop bien la situation du différend pour être dupe de l'intrigue à l'aide de laquelle on trompa la religion de l'amiral Napier et du juge arbitre et par laquelle une indemnité qui avait été fixée à *dix-sept mille piastres*, que le ministre *Bou-Selam* s'engageait lui-même à payer de son trésor, se trouva, par suite d'une manœuvre qui n'a de nom que dans le code pénal français, réduite aux chiffres de *dix mille piastres* ! — Redman, indigné des manœuvres employées par le gouvernement marocain, avait quitté l'audience et ne protesta pas.

Le tour était joué : la politique déloyale et frauduleuse des Maures avait triomphé non-seulement de la diplomatie anglaise, mais encore devant les forces imposantes qui l'appuyaient. —

L'on peut juger combien devait grandir l'insolence des Marocains.

L'Angleterre et l'amiral s'aperçurent bien vite du faux pas
qu'ils venaient de faire et sans abandonner le terrain, ils élevèrent
aussitôt des réclamations au sujet de l'insulte essuyée par le navire
anglais sur les côtes du Riff.

Cette histoire est peut-être plus curieuse encore que l'autre : On demanda en termes énergiques une satisfaction pour l'outrage fait au pavillon, et le tort causé à l'équipage et au bâtiment. — Le ministre *Bou-Selam*, après des lenteurs interminables, et suivant l'usage, répondit en termes ambigus que l'empereur ne pouvait donner aucune des satisfactions exigées, de la part des tribus insoumises qui reconnaissaient à peine son autorité, *car elles ne payaient pas même le tribut.*

L'Anglais se fâcha de nouveau, et menaça.

La réponse est curieuse. — Bou-Selam, dans une longue dépêche, après avoir répété qu'il n'a point d'action immédiate sur les *Kabyles* du Riff, ose ajouter : « Que l'empereur son maître aurait peut-être aussi le droit de se plaindre des procédés des Anglais, qui pour délivrer le navire livré au pillage, avaient tiré quelques coups de canon sur *ses fidèles sujets du Riff !* — En définitive et par *post scriptum* il engage les Anglais à se faire justice eux-mêmes ! »

En conséquence, le 18 février l'escadre anglaise mit à la voile de Gibraltar pour se rendre sur les côtes du Riff avec quatre mille hommes de débarquement, qui devaient tirer une vengeance éclatante de l'acte sauvage commis par ces barbares insoumis.

Mais les Riffins, avertis de l'arrivée des Anglais, s'étaient abondamment pourvus de fusils et de poudre, qu'ils avaient en partie volés sur le navire anglais pillé à *Melilla* et en partie achetés à Tanger et dans les villes voisines, quelque temps auparavant ; — ils avaient tiré, au loin sur la terre, leurs embarcations, — abandonné leurs *gourbis* de la côte, — emmené leurs troupeaux dans l'intérieur ; et quand l'amiral Napier parut, il ne trouva plus une seule embarcation à détruire, plus un seul habitant au milieu des misérables huttes qui ne valaient même pas la peine d'être brûlées, et ne découvrit pas un seul village le long de la côte. — Mais il put voir de loin, dans sa lunette, quinze à vingt mille *Kabyles* à pied et à cheval, armés de leurs longs fusils, et couronnant toutes les crêtes des collines de l'horizon.

L'amiral n'essaya même pas de débarquer ses quatre mille hommes, dans un pays qu'il ne connaissait pas, et où ses soldats, forcés d'avancer toujours devant un ennemi qui aurait reculé de ravins en ravins, auraient été dans l'impossibilité d'engager même une affaire sérieuse avec les Arabes, qui, au bout d'un jour ou deux de marche, auraient pu, comme il est arrivé souvent en

Algérie, gagner des détours et les enfermer dans un défilé où l'expédition anglaise eût pu rester tout entière.

Après avoir couru quelques bordées le long de la côte, l'amiral anglais se retira, non sans menacer de revenir à l'époque des moissons, pour les brûler et détruire tout ce qu'il trouverait sur son passage. Mais cette menace était perdue au milieu des montagnes et des ravins de la Kabylie.

C'était donc un nouvel échec, non-seulement pour la puissance anglaise, mais encore pour l'influence des nations européennes au Maroc. — La vanité des Arabes devait s'en accroître ; et en effet, dans ce pays où les nouvelles circulent avec la rapidité de la flèche, on ressentit immédiatement, dans toutes les villes du littoral, le contre-coup de la vaine tentative faite par Napier.

L'Angleterre venait de commettre une nouvelle faute vis-à-vis des Barbares, après la faute commise par les Français qui, en 1844, n'avaient pas su profiter de leurs victoires sur terre et sur mer.

Mais l'Angleterre avait, pour agir comme elle l'a fait, un motif que la France ne pourrait invoquer. — Les ports du Maroc sont autant de marchés exploités exclusivement par le commerce anglais, et l'on comprend que l'Angleterre, qui jamais dans l'histoire n'a voulu sacrifier ses intérêts au point d'honneur national, et qui d'ailleurs avait au Maroc à redouter pour son commerce la concurrence du commerce Français qui commence à s'établir par les frontières de terre qui séparent le gouvernement de Fez de la province d'Oran, — n'ait pas voulu brusquer une rupture dont la conséquence pouvait amener en même temps et la chute du trône d'Abd-er-Rhaman, la perte d'un des importants débouchés de son commerce, et enfin la ruine de l'entrepôt de Gibraltar.

Mais quelque fondés que soient les motifs qui ont poussé le gouvernement anglais à menacer le Maroc d'un formidable armement maritime, pour ensuite faire reculer ses soldats et ses canons devant les barbares, et sans avoir obtenu aucune satisfaction raisonnable, les conséquences de leur conduite ne pouvaient qu'amener de nouvelles difficultés et de nouveaux conflits.

Les Arabes, en effet, n'ont pas cru davantage à la sagesse et à la modération politique de l'Angleterre, qu'ils n'avaient cru déjà antérieurement à la magnanimité et à la générosité de la France.

La politique des deux nations se résumait pour eux en cette sentence, qu'ils répétaient publiquement :

Les Français frappent, mais ils pardonnent après avoir frappé. — Les Anglais menacent, mais ne frappent point. — Aussi depuis la conclusion fâcheuse de l'affaire Redman, et surtout après la retraite de l'amiral Napier, l'insolence des Arabes ne connut plus de bornes.

On a vu que pendant quatre ans la France poursuivait une satisfaction pour le meurtre commis à Mazaghan sur la personne d'un agent consulaire que l'Espagne avait laissé décapiter sans mot dire ; la mission de France au Maroc réclamait, depuis le même temps, les comptes de la succession du malheureux d'Armond, dont la famille française devait au moins recueillir l'héritage — Toutes les réclamations vinrent échouer devant la faveur dont l'empereur uvrait le féroce vieillard *Hadj-Moussa*. — Ce pendant les négociations continuaient, lorsqu'après la malheureuse solution des discussions anglaises les nouveaux outrages s'accumulèrent rapidement, en peu de mois, et l'on peut dire même en peu de jours.

L'escadre anglaise avait à peine disparu de l'horizon qu'un sujet anglais, revêtu du costume européen, recevait en pleine rue de Tanger, quarante coups de bâton, par ordre du kaïd, pour avoir eu une querelle avec un Maure. — Le consul anglais se fâche et menace. — Le kaïd lui-même vient capituler. — Le consul condamne le kaïd à *seize piastres*! — C'était quarante sous par coup de bâton! Le gouverneur se récrie, disant « *qu'il est ruiné* (textuel), — que d'ailleurs en fait de juifs il ne connaît ni Anglais, ni Français, ni Espagnols, que ce sont tous des juifs pour lui.* » — Le consul le menace de nouveau. — Bref le kaïd finit par payer *huit piastres*! — et se retire en réfléchissant probablement que *s'il a pu bâtonner un sujet anglais pour quarante francs, il pourrait bâtonner le consul lui-même pour quatre-vingts!*

Ce raisonnement est certainement le seul qu'ait fait le kaïd Hadj-Ben-Achmet en sortant de chez le consul, et l'on va voir si l'exemple a porté ses fruits.

Dans le même mois de mars 1849, M. Ferrieu, agent consulaire de France à Casa-Bianca, voyageait avec son fils, leur suite et deux soldats, quand ils furent assaillis, entre *Rabat* et *Mehedia* par un groupe nombreux d'Arabes qui voulurent les forcer à descendre de cheval devant un *marabout* (tombeau de saint musulman). L'agent consulaire résista; mais son fils fut forcé, à coups de bâton, de descendre devant le tombeau sacré, et cela malgré l'intervention d'un soldat de l'empereur qui fut désarmé.

L'agent consulaire dressa immédiatement sa plainte ; — les coupables sont connus ; — mais le kaïd de Mehedia refuse de les livrer à la justice, sous le prétexte bien connu au Maroc, que ce sont *des fous* dont il faut pardonner les outrages.

Pendant que ces faits se passaient au Maroc, on apprit à la chancellerie de Tanger, qu'un scheik du désert appelé *Sidi-Schigr-Ben-El-Taïeb*, avait réuni sur la frontière du Maroc un fort parti de cavaliers, à la tête desquels il avait entraîné, ou chassé par la force, plusieurs de nos tribus de la province d'Oran. — Le gouverneur de cette province, en donnant avis de ces hostilités à la mission française à Tanger, avertissait le chargé d'affaires que ce marabout Ben-el-Taïeb se vantait partout, au milieu des tribus, d'être investi du firman de *kálifat* de l'empereur du Maroc.

Le chargé d'affaires écrivit aussitôt au gouvernement marocain, à Fez, en se plaignant amèrement d'un acte de trahison aussi odieux, de la part d'un allié de la France, à laquelle il déclarait traîtreusement la guerre sous le nom d'un de ses lieutenants. — L'empereur répondit en substance : — que *Ben-El-Taïeb* était un imposteur qui n'avait reçu aucune investiture ; — que c'était un misérable qui cherchait à troubler la bonne amitié entre deux peuples alliés ; — et que les Français feraient parfaitement bien de l'exterminer.

A peine cet éclatant démenti avait-il été envoyé au gouverneur général d'Oran, que le général, dans une de ses expéditions contre ces tribus révoltées, *saisit le firman qui investissait Ben-el-Taïeb du titre de kalifat du chériff d'Occident ; et le firman était signé d'Abd-er-Rhaman lui-même !*

Voilà quelle est la honteuse politique du gouvernement marocain, surpris continuellement en flagrant délit d'imposture, de fraude et de mensonges.

Toujours dans le même mois un fait non moins grave se passa à Fez :

Un courrier de la mission de France à Tanger, connu depuis plusieurs années sous le nom du *Courrier français*, et appartenant d'ailleurs au corps des courriers de l'empire, est arrêté à Fez par ordre de l'empereur ; — ses dépêches sont interceptées ; — et après avoir été bâtonné, il est conduit la chaîne au col et aux pieds à *Maroc* ; — la petite boutique qu'il occupait à Tanger est fermée par ordre du kaïd. — Le malheureux est peut-être mort aujourd'hui à Maroc, s'il n'était pas mort avant d'y arriver.

Le chargé d'affaires de France réclama avec toute l'énergie de son caractère : — le ministre *Bou-Selam* répondit qu'il ignorait l'affaire, que si le courrier de France avait été arrêté, c'est que probablement il était coupable, — et ce qui est plus fort : « que d'ailleurs, dit-il, *les consuls ne peuvent expédier de courriers dans l'intérieur, qu'avec la permission de l'empereur.*

Ceci était le comble de l'insolence ; — c'était déchirer brutalement tous les traités existants depuis cinquante ans ; — c'était déchirer surtout les stipulations du dernier traité de Tanger, rédigé et signé sous la fumée des canons français. — C'était, en un mot, provoquer une rupture. — Le chargé d'affaires de France répondit par une réclamation plus énergique que la première. Mais quelques jours après, Hadj-Ben-Achmet, sous-gouverneur de Tanger, rencontrant dans la rue un domestique de la mission de France, le fait arrêter et jeter en prison, sans daigner prévenir la chancellerie de la mesure qu'il venait de prendre, ni du motif qui l'avait déterminé.

Le chargé d'affaires va trouver lui-même le sous-gouverneur sur la place publique, et là, en présence de nombreux Arabes, réclame la mise en liberté immédiate de son domestique qui, appartenant à la maison de France, devait être protégé par le pavillon, et une réparation éclatante de la violation des franchises de l'enceinte consulaire. Le gouverneur refuse insolemment.

C'en était trop, et la mesure était comblée. — Le mât du pavillon de France fut abattu sur le champ, et tomba avec fracas en travers de la terrasse de la maison consulaire.

A cette nouvelle toute la population s'émut ; — le corps consulaire tout entier se rendit auprès du chargé d'affaires de la République française, pour le féliciter d'un acte d'énergie, qui non seulement sauvegardait l'honneur et la dignité du pavillon français, mais encore qui prouvait aux Marocains que la France n'était pas disposée à supporter leurs outrages avec autant de patience et de résignation que beaucoup d'autres puissances.

Une réunion des plus notables habitants de la ville vint ensuite auprès du chargé d'affaires, lui témoigner les regrets qu'ils éprouvaient de la conduite de leur gouverneur, et en même temps lui exprimer les craintes que soulevait dans la population la perspective d'une nouvelle rupture avec la France.

Au dehors, en effet, l'agitation la plus vive régnait sur la place publique et dans les rues ; — on se rappelait cette sentence : — les Anglais menacent mais ne frappent point ; — les Français frappent avant de pardonner.

Le lendemain une nouvelle démarche officielle fut faite auprès du chargé d'affaires de France ; — tous les consuls offrirent leur concours pour obtenir une réparation telle qu'elle pût mettre à l'avenir l'honneur des nations chrétiennes à l'abri des outrages incessants des barbares.

Le sous-gouverneur de Tanger lui-même vint humblement capituler, sentant, disait-il, sa tête trembler sur ses épaules devant la colère de son implacable maître !

Voici à peu près les termes de l'ultimatum qui lui fut remis :

1° La reddition immédiate des comptes de la succession du malheureux d'Armond, et la destitution du féroce *Adj-Moussa* qui l'avait fait décapiter ;

2° Les auteurs de l'outrage commis sur la personne du fils de l'agent consulaire de France à Casa Bianca, seraient conduits à Tanger et remis à la discrétion de la justice du consul général ;

3° L'empereur démentirait officiellement l'usurpation du titre de son kalifat, dont Ben-el-Taïeb se prétendait investi ;

4° Le courrier de la mission de France arrêté à Fez serait mis en liberté ; — ses dépêches rendues ; — lui-même renvoyé à Tanger ; — et la boutique qu'il occupait dans cette dernière ville serait réouverte ;

5° Le domestique de la maison consulaire de France, arrêté à Tanger, serait mis le jour même en liberté ;

6° Enfin le gouverneur de Tanger viendrait en personne au consulat de France, déclarer au nom de son gouvernement, que toutes les satisfactions exigées avaient été accordées ; — donnerait l'ordre lui-même au maçon de remonter le mât du pavillon; — et quand les couleurs de la République seraient hissées, il donnerait encore l'ordre lui-même de les saluer de vingt-un coups de canon.

Il faut le dire c'était un langage digne de la France, c'était le seul langage qu'elle pût raisonnablement tenir en face des barbares; c'était enfin la satisfaction rigoureusement juste qu'elle fût en droit d'exiger après les outrages que les autorités du Maroc lui avaient fait successivement et systématiquement subir.

Le premier effet de ces paroles ne se fit pas attendre longtemps : dès le jour même, le domestique de la maison consulaire de France fut mis en liberté, — et la boutique du courrier de la mission de France fut réouverte.

Il n'y a pas à douter qu'en persévérant dans la conduite énergique adoptée par l'agent français et dans le langage ferme et impératif qu'il avait employé, on aurait obtenu aussi facilement toutes les autres satisfactions exigées.

Un fait survenu par hasard, très peu de jours après, a prouvé qu'une simple démonstration, faite en temps utile, peut produire plus d'impression que des expéditions menaçantes, dont l'effet se trouve paralysé par les intrigues de la diplomatie.

Il y avait plus d'un mois qu'on n'avait vu paraître sur la côte du Maroc le pavillon de la république française ; — les Arabes, habitués à voir mouiller sur leur rade tous les quinze jours, ou au moins tous les mois, les corvettes à vapeur qui faisaient le service du courrier de l'Algérie en Maroc, s'étaient aperçus que, depuis l'avénement du gouvernement du 10 décembre, ce service avait été supprimé. — Ils en concluaient que le nouveau gouvernement désapprouvait la marche suivie antérieurement, et que la république française renonçait à défendre efficacement les graves intérêts politiques qu'elle avait auprès du Maroc. — Ils étaient d'autant plus autorisés à en juger ainsi que, durant l'espèce de blocus que les Anglais avaient établi sur la côte et pendant les menaces de bombardement qu'ils firent pendant le mois de février, *pas un seul bâtiment de guerre français n'avait paru sur les côtes*, quoique toutes les autres nations, y compris les Etats-Unis et la Sardaigne, eussent envoyé des bâtiments de guerre prêts à couvrir de leur protection leurs agents et leurs nationaux.

C'était donc dans un moment où les Maures pouvaient croire les agents français au Maroc à peu près abandonnés par leur gouvernement, que la mission de France n'avait pas hésité à tenir la conduite et le langage que l'on a vus plus haut. — Les Maures savaient, à Tanger, qu'une dépêche télégraphique avait été adressée au gouvernement français pour l'instruire du retrait du pavillon et de la rupture des relations avec le gouvernement marocain.

C'est dans cette situation et au moment où personne ne s'y attendait, qu'on vit entrer en rade de Tanger et mouiller tout près des remparts de la ville, la corvette de guerre l'*Éclaireur*,

dont le commandant se mit immédiatement à la disposition du
chargé d'affaires de France.

La première impression que produisit sur les Arabes l'apparition, venue si à propos, du pavillon français fut une impression de terreur indicible. — Ils se rappelaient le bombardement
de 1844. — Et il n'y a pas de doute qu'en profitant de cette disposition favorable pour maintenir dans toute leur intégrité et
dans toute leur fermeté les satisfactions que l'on a demandées, on
ne puisse obtenir une réparation complète et éclatante, et infliger
en même temps une sévère leçon à l'orgueil fanatique et incorri-
gible des Marocains.

La peur seule peut agir sur ces natures sauvages et indomp-
tées. — Si l'on menace il faut qu'ils sachent que l'on veut frapper, en un mot, pour obtenir justice, il faut justifier leur sentence ; — et montrer que si les Français peuvent pardonner c'est
après avoir frappé.

Telle est aujourd'hui la position du différend entre la France
et le Maroc.

On en a vu tous les éléments. — On en a suivi toutes les pha-
ses. Et le lecteur pourra juger un jour, quelle aura été la conduite du gouvernement, quand celui-ci se sera prononcé.

Si la France n'avait au Maroc que des intérêts politiques plus
ou moins éloignés, ou des intérêts commerciaux plus ou moins
sérieux, on pourrait jusqu'à un certain point comprendre que,
dans la solution des différends qui surviennent, elle ne mit pas
beaucoup plus d'importance que les autres nations à terminer
cette solution d'une manière complète et éclatante.

Mais la France a aujourd'hui au Maroc les intérêts politiques les plus graves ; — elle a des intérêts de frontière à protéger et à défendre contre l'esprit séditieux, et le prosélytisme fanatique, — contre la croisade religieuse qui peut, chaque jour, surgir du sein des tribus du *Mogh-Reb* et menacer sans cesse la tranquillité de nos provinces d'Oran.

Elle a à sauvegarder des intérêts commerciaux aujourd'hui naissants entre la frontière de *Tlemcem* et de *Zahara* et qui peuvent plus tard non-seulement prendre un grand accroissement, mais encore favoriser les relations entre les deux populations à l'aide desquelles l'influence française pourrait progressivement s'étendre dans les plaines du *Garet de Teza* jusqu'aux portes de *Fez.*

Il ne s'agit donc point ici pour la France d'une vaine gloriole nationale ; mais d'une question de puissance pour l'avenir, et de sécurité pour une grande partie de nos provinces d'Algérie.

La position est telle, aujourd'hui, il faut le répéter, qu'une simple démonstration faite à l'appui d'un langage énergique et qui n'admettrait ni lenteur, ni atermoiement, obtiendrait promptement toutes les satisfactions demandées, et qu'il n'est pas moins nécessaire d'obtenir dans l'intérêt du pays que pour l'honneur national.

www.ingramcontent.com/pod-product-compliance
Lightning Source LLC
LaVergne TN
LVHW022213080426
835511LV00008B/1743

* 9 7 8 2 0 1 2 1 5 2 6 0 1 *